Esther Redolfi

Benedetto Croce, Vandana Shiva, Maria Mies: Vom Schutz der Landschaft zur subsistenzwirtschaftlichen Perspektive des Ökofeminismus

GRIN Verlag

Bibliografische Information der Deutschen Nationalbibliothek:

Die Deutsche Bibliothek verzeichnet diese Publikation in der Deutschen National-
bibliografie; detaillierte bibliografische Daten sind im Internet über http://dnb.d-
nb.de/ abrufbar.

Impressum:

Copyright © 2012 GRIN Verlag GmbH
Druck und Bindung: Books on Demand GmbH, Norderstedt Germany
ISBN: 978-3-656-46681-9

Dieses Buch bei GRIN:

http://www.grin.com/de/e-book/230388/benedetto-croce-vandana-shiva-maria-
mies-vom-schutz-der-landschaft-zur

GRIN - Your knowledge has value

Der GRIN Verlag publiziert seit 1998 wissenschaftliche Arbeiten von Studenten, Hochschullehrern und anderen Akademikern als eBook und gedrucktes Buch. Die Verlagswebsite www.grin.com ist die ideale Plattform zur Veröffentlichung von Hausarbeiten, Abschlussarbeiten, wissenschaftlichen Aufsätzen, Dissertationen und Fachbüchern.

Besuchen Sie uns im Internet:

http://www.grin.com/

http://www.facebook.com/grincom

http://www.twitter.com/grin_com

Benedetto Croce, Vandana Shiva, Maria Mies: Vom Schutz der Landschaft zur Subsistenzwirtschaftlichen Perspektive des Ökofeminismus

Referat

im Rahmen der Tagung

„Colloqui filosofici di Dobbiaco"

"Croce pensatore europeo"
Rovereto, Trento, Bolzano (17/18 ottobre 2012),
Dobbiaco e Innsbruck,
per i 60 anni dalla scomparsa del filosofo.
A cura del Centro Studi in
lingua italiana della Provincia di Bolzano, presso il Dipartimento
Scuola e Cultura di lingua italiana

Inhaltsverzeichnis

1 Einleitung

«Ein Feminismus, der nicht ökologisch ist, reicht mir deshalb ebenso wenig wie eine Ökologie, die nicht radikal genug ist, die Strukturen der menschlichen Beziehungen zu verändern.»[1] Am 25. September 1920 reichte der damalige Kultusminister der Nitti-Regierung,[2] Benedetto Croce (*15. Februar 1866; †20 November 1952), den ersten Landschaftsschutzgesetzentwurf Italiens ein. Benedetto Croce berichtet in einem Brief, den er am 24. Oktober 1920 an seinen Freund Karl Vossler (*6. September 1872; † 19. September 1949 in München) schrieb, von seiner Erfahrung als Regierungsmitglied: «Le cose pubbliche, non solo delle nostre patrie, ma del mondo intero, fanno paura. E sebbene anch'io ora sia occupato nei pubblici affari, ti assicuro che questo è forse il maggiore sacrifizio che io abbia mai fatto per adempimento di dovere. Lo faccio perchè penso che tanta gente è stata chiamata per farsi ammazzare, e dunque io devo prestare una sorta di servizio militare e non lamentarmi. Non c'é affare del mio Ministero che io trascuri.»[3] Die instabile Regierung Italiens trug dazu bei, dass zwischen Croces Gesetzesantrag und der Durchführung zwei Jahre vergingen. Obwohl sich Croce zum Zeitpunkt der Gesetzesgenehmigung, die am 11. Juni 1922 stattfand, nicht mehr im Amt befand, ist dieser Erfolg auf seinen unermüdlichen Kampf zurückzuführen. Das noch heute unter dem Begriff „Legge Croce" bekannte Gesetz trug folgende Bezeichnung: *«Per la tutela delle bellezze naturali e degli immobili di particolare interesse storico»*.

Der bedeutende Croce-Forscher, Archäologe und Kunsthistoriker Salvatore Settis (*1. Juni 1941 in Rosarno) weist in seinem Vortrag *Benedetto Croce ministro e la prima legge sulla tutela del paesaggio* auf Croces entscheidende Rolle für den Landschaftsschutz hin:

Ci volle dunque molta determinazione e tenacia perché, tra governi che cadevano e brevi ministeri, la legge andasse in porto. Croce fu il protagonista di quella battaglia. Egli presentò la legge in Senato il 25 settembre 1920, e ne ottenne presto l'approvazione (31 gennaio 1921) trasmettendolo

---

[1] *Menschen und Visionen: Shiva, Vandana. Portrait-Serie: Träger des alternativen Nobelpreises.* http://www.eco-world.de/scripts/basics/eco-world/service/main/basics.prg?session=d9323d1b4e7dcf28_745757&a_no=215&suchbegriff=shiva
[2] Das Mandat der Nitti-Regierung, mit Regierungspräsident Francesco Saverio Nitti (*19. Juli 1868 Melfi; † 20. Februar 1953 Rom), reichte vom 23. Juni 1919 bis zum 15. Juni 1920.
[3] B. Croce, *Carteggio Croce-Vossler: 1899 – 1949*, Laterza, Bari 1951, S. 263.

alla Camera (17 febbraio), ma dopo le elezioni anticipate del 15 maggio 1921 e prima che giurasse il nuovo governo (e il nuovo ministro) dovette ripresentarla tal quale (15 giugno 1921). I successori alla Pubblica Istruzione Orso Mario Corbino (governo Bonomi) e Antonino Anile (governo Facta) proseguirono l'iter grazie soprattutto a Giovanni Rosadi che mantenne il Sottosegretario fino al febbraio 1922. Il disegno di legge fu di nuovo approvato dal Senato il 5 agosto 1921, la discussione alla Camera si aprì il 16 dicembre e si chiuse con l'approvazione l'11 maggio 1922. Firmata dal Re l'11 giugno, la legge (nr. 778) fu pubblicata sulla Gazzetta Ufficiale del 21 giugno, quattro mesi prima della marcia su Roma. Croce non era più ministro, ma è alla sua determinazione che si deve l'approvazione della legge, ed è giusto che essa venga ancora ricordata come Legge Croce.[4]

Benedetto Croces Verdienst war, dass in seinem Gesetzentwurf der natürlichen Schönheit der Landschaft derselbe Wert – und somit dasselbe Recht auf Schutz und Erhaltung – wie einem historischen Denkmal verliehen wurde. Der Passus, in dem er die schützenswerte Schönheit einer Landschaft preist, kommt einem Loblied gleich:

Certo il sentimento, tutto moderno, che si impadronisce di noi allo spettacolo di acque precipitanti nell'abisso, di cime nevose, di foreste secolari, di riviere sonanti, di orizzonti infiniti deriva della stessa sorgente, da cui fluisce la gioia che ci pervade alla contemplazione di un quadro dagli armonici colori, all'audizione di una melodia ispirata, alla lettura di un libro fiorito d'immagini e di pensieri. E se dalla civiltà moderna si sentì il bisogno di difendere, per il bene di tutti, il quadro, la musica, il libro, non si comprende, perché siasi tardato tanto a impedire che siano distrutte o, manomesse le bellezze della natura, che danno all'uomo entusiasmi spirituali così puri e sono in realtà ispiratrici di opere eccelse. Non è da ora, del resto, che si rilevò essere le concezioni dell'uomo il prodotto, oltre che delle condizioni sociali del momento storico, in cui egli è nato, del mondo stesso che lo circonda, della natura lieta o triste in cui vive, del clima, del cielo, dell'atmosfera in cui si muove e respira.[5]

Die Landschaft spielt in Croces Augen für den Menschen eine Schlüsselrolle. Er bezeichnet die Natur in seinem Gesetzesvorschlag als unerschöpfliche Quelle der Inspiration: «Si è insomma compreso come non sia possibile disinteressarsi da quelle peculiari caratteristiche del territorio, in cui il popolo vive e da cui, come da sorgenti sempre fresche, l'anima umana attinge ispirazioni di opere e di

---

[4]S. Settis, *Benedetto Croce ministro e la prima legge sulla tutela del paesaggio.* http://www.unive.it/media/allegato/infoscari-pdf/Croce-Ca_Foscari1.pdf
[5]*Disegno di legge n. 204 di Benedetto Croce.*
 http://rivista.ssef.it/site.php?page=20040913091214766&edition=2010-02-01 (Abgerufen am 4.5.2012)

pensieri».[6] Heute, sechzig Jahre nach Croces Tod, sind Wissenschaft, Forschung und Technik in der Lage zu beweisen, dass der Landschaftsschutz nicht nur aus ästhetischen Gründen, sondern auch aus rein praktischen Gründen für den Menschen, die Tier- und Pflanzenwelt notwendig bzw. überlebenswichtig ist. Der Landschaftsschutz beschränkt sich nicht auf die Bewahrung und den Schutz von Naturdenkmäler, sondern kümmert sich auch um die langfristige Sicherstellung und Nutzbarkeit von natürlichen Ressourcen sowie die Erhaltung bzw. die Wiederherstellung von Ökosystemen. Benedetto Croce betont in seinem Entwurf ausdrücklich, dass der ökologische Aspekt seines Vorschlages auch den ökonomischen berücksichtigt: «Nulla di eccessivo è nel disegno che si sottopone al vostro esame – nulla che offenda o ferisca il diritto di proprietà o, come da taluni si teme, quello dell'attività industriale della nazione. Anzi quel che in fondo ad ogni disposizione risiede è la preoccupazione di costituire un sistema di accordi fra i privati e l'amministrazione delle Belle arti, e fra questa e le altre amministrazioni pubbliche affinché senza gravi sacrifici di ciò che è in cima a pensieri di tutti, economia nazionale e conservazione del privilegio di bellezza che vanta l'Italia, siano composti con spirito di conciliazione i vari interessi contrastati.»[7]

2 Von Benedetto Croces Erhalt der Naturschönheit zum ökofeministischen Landschaftsschutz

Dieser von Benedetto Croce erwähnte ökologisch-ökonomische Aspekt ist auch ein zentrales Anliegen der ökofeministischen Bewegung. Der Ökofeminismus, der erstmals von der Frauenrechtlerin Françoise d'Eaubonne (*12. März 1920 in Paris; † 3. August 2005 in Paris) geprägt wurde, bedurfte zahlreicher Proteste gegen Umweltzerstörung, Ökokatastrophen und Atomkraft, um als „alte Weisheit" erneut an Popularität zu gewinnen.[8] Die Bezeichnung Ökofeminismus setzt sich aus den Begriffen Ökologie und Feminismus zusammen. Die Ökologie ist eine relativ junge Teildisziplin der Biologie und wurde erstmals 1866 vom Biologen Ernst Heinrich Philipp August Haeckel (*16. Februar 1834 in Potsdam; † 9. August 1919 in Jena) definiert: «Unter Oecologie

---

[6]Ebenda.
[7]Ebenda.
[8]M. Mies-V. Shiva, *Warum wir dieses Buch zusammen geschrieben haben*, in *Ökofeminismus. Beiträge zu Praxis und Theorie*, Rotpunktverlag, Zürich 1995, S. 23.

verstehen wir die gesammte Wissenschaft von den Beziehungen des Organismus zur umgebenden Außenwelt, wohin wir im weiteren Sinne alle ‚Existenz-Bedingungen' rechnen können.»[9] Eine aktualisierte Definition von Ökologie bezeichnet dieselbe als: «Wissenschaft von den Wechselbeziehungen zwischen Lebewesen und natürlicher Umwelt bzw. von den Ökosystemen. Wachsende Bedeutung durch Folgen der Umweltbelastung, oft als Konsequenz eines verengten ökonomischen Denkens. Insofern enge Beziehungen zwischen Ökonomik und Ökologie, die man auch als ‚Langzeitökonomie' interpretieren kann.»[10] Die Soziologin Ute Gerhard gibt in *Frauenbewegung und Feminismus.*

Eine Geschichte seit 1789, eine präzise Erklärung vom Begriff Feminismus:

> Der Begriff <Feminismus>, obwohl auch er zur Bezeichnung der sozialen Bewegungen von Frauen gebraucht wird, hat noch eine weiter gehende Bedeutung. Wie andere Theorien oder Gesellschaftskonzepte, die wie Liberalismus, Konservatismus, Marxismus seit dem 19. Jahrhundert als «Ismen» verhandelt werden, verweist die Rede vom Feminismus auf eine politische Theorie, die nicht nur einzelne Anliegen verfolgt, sondern die Gesamtheit gesellschaftlicher Verhältnisse im Blick hat, also einen grundlegenden Wandel der sozialen und symbolischen Ordnung – auch in den intimsten und vertrautesten Verhältnissen der Geschlechter – anstrebt und gleichzeitig Deutungen und Argumente zu ihrer Kritik anbietet."[11]

Ein erster Versuch, das sowohl vom Feminismus als auch von der ökologischen Bewegung angestrebte Ziel, politische und nicht individuelle Lösungen für Umweltschutzprobleme und für die Frauenfrage zu finden, fand 1974 am Institut für Soziale Ökologie in Vermont in den USA statt.[12] Demnach lässt sich das Hauptanliegen des Ökofeminismus wie folgt zusammenfassen: «Einerseits herauszuarbeiten, wie männlich geprägte Werte zu ökologischer Zerstörung, Militarismus und Ausbeutung führen und andererseits daran, spezifisch weibliche Werte für den Umgang mit der Welt zu formulieren. Patriarchalische Gesellschaften, so argumentiert der Ökofeminismus, bauen seit Jahrtausenden auf hierarchische Strukturen unter dem Prinzip der Konkurrenz. Erfolg bemisst sich darin nicht nach dem Gemeinwohl, sondern nach dem

---

[9]E. Haeckel, *Generelle Morphologie der Organismen. Allgemeine Grundzüge der organischen Formen-Wissenschaft, mechanisch begründet durch die von Charles Darwin reformierte Descendenz-Theorie*, Gruyter, Berlin 1988, S. 286.
[10]Gabler Wirtschaftslexikon: http://wirtschaftslexikon.gabler.de/Definition/oekologie.html
[11]U. Gerhard, *Frauenbewegung und Feminismus. Eine Geschichte seit 1789*, Beck, München 2009, S. 6f.
[12]J. Biehl, *Der soziale Ökofeminismus*, Trotzdem, Grafenau 1991, S. 9.

individuellen Machtzuwachs, der durch repressive Kontrollmechanismen gesichert werden muss.»[13]

Die erste ökofeministische Konferenz „Frauen und Leben auf der Erde" fand nach dem Reaktorunfall von Three Mile Island[14] im März 1980 in Amherst in den USA statt. Die Organisatorin Ynestra King, die sich das Ziel gesetzt hatte, im Laufe dieser Konferenz das Verhältnis von Feminismus, Militarisierung, Heilen und Ökologie zu untersuchen, brachte ihr Anliegen wie folgt zum Ausdruck:

Ökofeminismus handelt von der Verbundenheit und Ganzheit von Theorie und Praxis. Er betont die besondere Kraft und Integrität eines jeden Lebewesens. [...] Wir sind eine frauenidentifizierte Bewegung und glauben, in diesen gefährdeten Zeiten eine besondere Aufgabe erfüllen zu müssen. Wir halten die Verwüstung der Erde und ihrer Lebewesen durch die Industrie-Krieger und die Drohung einer atomaren Vernichtung durch die Militär-Krieger für feministische Anliegen. Das ist die gleiche maskulinische Mentalität, die uns das Recht auf unseren eigenen Körper und unsere eigene Sexualität abspricht, und die von multiplen Systemen der Herrschaft und Staatsmacht abhängt, um sich durchzusetzen.[15]

Bleibt anzumerken, dass das Bestreben der ökofeministischen Bewegung durchaus pragmatischer Natur ist, denn: «Der Ökofeminismus hat seine Wurzeln in der aktiven Teilnahme vieler Frauen in diesen Bewegungen, der Anti-Atom-, Ökologie- und Friedensbewegung und der Verbindung dieses Engagements mit den Zielen der Frauenbefreiung. Er entstand nicht, das muss betont werden, als akademischer Diskurs unter Frauen in amerikanischen, englischen und heute auch deutschen Hochschulfrauen, unter Frauen, die sich nie die Finger an einer Bewegung schmutzig gemacht haben.»[16] Ökofeministinnen sind der Überzeugung, dass Frauen eine bevorzugte Beziehung zur Natur pflegen. Diese Konvergenz feministisch-ökologischer Gedanken führt die Öko-Anarchistin Janet Biehl in ihrer Studie Sozialer Ökofeminismus auf drei Grundthesen zurück. Die erste These, die von der feministischen Theologin Mary Daly (*1928 in Schenectady, New York; † 2010 in Gardner, Massachusetts) bejaht wurde, besagt, dass Frauen

---

[13]Menschen und Visionen: Vandana Shiva. Portrait Serie: Träger des alternativen Nobelpreises. http://www.eco-world.de/scripts/basics/eco-world/service/main/basics.prg?session=d9323d1b4e7dcf28_745757&a_no=215&suchbegriff=shiva
[14]Der Kernschmelzunfall von Three Mile Island fand 1979 auf der gleichnamigen Insel, die sich in Pennsylvania bei Harrisburg in den USA befindet, statt.
[15]M. Mies-V. Shiva, Warum wir dieses Buch zusammen geschrieben haben, S. 23.
[16]Ebenda, S. 25.

als die „Anderen", eine engere Verbindung zu Mutter-Natur pflegen als Männer.[17] Die zweite Theorie, deren Verfechterin Charlene Spretnak ist, lobt die matrizentrischen Kulturen, die im Unterschied zu den westlichen Gesellschaften nicht danach streben, die Natur zu beherrschen.[18] Die letzte Hypothese, die auch Ynestra King befürwortet, betrifft die Tatasche, dass Frauen sich zu strategischen Zwecken mehr und mehr der Frau=Natur Dimension bedienen.[19]

Vandana Shiva (*1952 in Dehradun), Quantenphysikerin und Trägerin des Alternativen Nobelpreises, und die Sozialwissenschaftlerin Maria Mies (*1931 in Steffeln), haben obgenannte Theorien weiterentwickelt und gelten heute als die weltweit wichtigsten Vertreterinnen des Ökofeminismus. Sie haben sich das Ziel gesetzt, die weibliche Perspektive in die ökologische Diskussion einzubringen, und halten in ihrem Werk *Ökofeminismus* fest, was sie dazu veranlasst hat:

Wir sahen, dass Umweltkatastrophen und Umweltzerstörung Frauen härter trafen als Männer, und auch, das überall Frauen zuallererst gegen die Umweltzerstörung protestierten. Als Mitstreiterinnen in den Umweltbewegungen wurde uns klar, dass Wissenschaft und Technologie nicht geschlechtsneutral sind; und zusammen mit anderen Frauen erkannten wir allmählich, dass das ausbeuterische Herrschaftsverhältnis zwischen Mensch und Natur (seit dem 16. Jahrhundert durch die reduktionistische moderne Wissenschaft entstanden) und die ausbeuterische und unterdrückerische Mann-Frau-Beziehung, die in den meisten Industriegesellschaften vorherrscht, auf engste miteinander verknüpft sind. Wir entdeckten, dass unser eigenes aktives Engagement in den Frauen- und Umweltbewegungen uns zufällig zu einer ähnlichen Analyse und Perspektive geführt hatte. Die Suche nach Antworten auf Fragen hatte uns zu ähnlichen Theorien, zu ähnlichen AutorInnen und schliesslich zueinander geführt.[20]

Der pragmatische Leitgedanke, der die Ökofeministinnen verbindet, ist demnach nachstehender:

Wenn das Endergebnis des gegenwärtigen Weltsystems eine allgemeine Bedrohung des Lebens auf dem Planeten Erde ist, dann ist es von zentraler Bedeutung, den Überlebensdrang sowie die Entschlossenheit zu leben, die in allen Lebewesen stecken, wiederzuerwecken und zu nähren. Eine nähere Untersuchung der zahlreichen lokalen Kämpfe gegen Umweltzerstörung wie beispielsweise gegen Atomkraftwerke in Deutschland, gegen Kalkminen und Abholzung im Himalaya, die

---

[17]J. Biehl, *Der soziale Ökofeminismus*, op. cit., pp. 10 sgg.
[18]Ebenda, S. 11f.
[19]Ebenda, S. 13.
[20]M. Mies-V. Shiva, *Warum wir dieses Buch zusammen geschrieben haben*, S. 9.

Aktivitäten der Green Belt Bewegung in Kenia, die der Japanerinnen gegen Lebensmittelverseuchung durch kommerzielle Landwirtschaft und für selbständige Netzwerke zwischen Produzenten und VerbraucherInnen; die Bemühungen der armen Ecuadorianerinnen, die Mangrovenwälder als Laichplätze für Fische und Garnelen zu erhalten; der Kampf den tausende Frauen im Süden für bessere Wasserversorgung, Bodenerhaltung, Landnutzung und die Bewahrung ihrer Lebensgrundlagen (Wald, Brennstoff, Futter) gegenüber den Interessen der Industrie führen, bestätigt, dass viele Frauen weltweit den gleichen Zorn und die gleiche Angst verspüren und das gleiche Verantwortungsbewusstsein an den Tag legen, die Lebensgrundlagen zu bewahren und diese Zerstörung zu beenden. Unabhängig von der unterschiedlichen rassischen, ethnischen, kulturellen Herkunft oder der Klassenzugehörigkeit führte diese gemeinsame Sorge Frauen zusammen, um solidarische Verbindungen mit anderen Frauen, Völkern oder gar Nationen einzugehen. In diesen Handlungs- und Reflexionsprozessen entstanden ähnliche Analysen, Konzepte und Vorstellungen.[21]

Ein in diesem Zusammenhang interessantes Beispiel, welches sich in Benedetto Croces Heimat Italien abgespielt hat, rückt die Tatsache in den Vordergrund, dass es nach wie vor Frauen sind, die sich als Erste für die Umwelt einsetzen. Maria Mies und Vandana Shiva berichten vom Kampf der Sizilianerinnen, die in den achtziger Jahren gegen die Stationierung von Atomsprengköpfen im eigenen Land protestiert hatten. Sie verteidigten deren Standpunkt wie folgt: «Uns war der Zusammenhang zwischen atomarer Aufrüstung und der Kultur der Machos nie so klar; zwischen der Gewalt des Krieges und der Gewalt der Vergewaltigung. Das ist das historische Bewusstsein, das Frauen vom Krieg haben ... Allerdings gehört das ach zu unseren täglichen Erfahrungen in >Friedenszeiten<, und so gesehen leben Frauen ständig im Krieg ... Es ist kein Zufall, dass das grausame Kriegsspiel, woran der grösste Teil des männlichen Geschlechtes Gefallen zu finden scheint, die gleichen Phasen durchläuft wie die traditionelle sexuelle Beziehung: Angriff, Eroberung, Besitzergreifung, Kontrolle. Eines Landes oder einer Frau, da ist kein grosser Unterschied.»[22] Vandana Shiva teilt Ruth Sidels These, die besagt, dass die aktuelle Situation von Frauen und Kindern in der Weltwirtschaft mit jener der Titanic vergleichbar ist. Mit Sidels Worten: «Trotz unserer Strassencafés, unserer Saunas und unserer Luxusboutiquen [fehlen] Rettungsboote für alle, wenn das Unglück zuschlägt. Wie die Titanic hat die Weltwirtschaft zu viele verschlossene

---

[21]Ebenda, S. 10.
[22]Ebenda, S. 24f.

Tore, getrennte Decks und Strategien, um sicherzugehen, dass Frauen und Kinder die ersten sein werden – nicht bei der Rettung, sondern beim Fall in abgrundtiefe Armut.»[23] Shiva führt die desolate Lage von Frauen und Kindern auf die Marktwirtschaft, die all die Ressourcen im Streben nach noch mehr Warenproduktion an sich gerissen hat, zurück.[24] Für sie steht fest, dass: «die Wasserreserven, die Bodenfruchtbarkeit und der genetische Reichtum als Folge des Entwicklungsprozesses beträchtlich abgenommen [haben]. Die Knappheit dieser Naturressourcen, die die Basis der Wirtschaft der Natur und im besonderen der Überlebenswirtschaft der Frauen bilden, zur Verarmung der Frauen und aller marginalisierten Menschen in noch nie dagewesenem Ausmass [führt].»[25]

3 Vom Mythos der Nachhaltigkeit zur Subsistenz-wirtschaflichen Perspektive

Ein in diesem Zusammenhang häufig zitierter Begriff ist der der Nachhaltigkeit bzw. der der nachholenden Entwicklung. Für Maria Mies steht dabei fest, dass es sich um einen mythisierten Terminus handelt: «Der Mythos der nachholenden Entwicklung basiert auf einem evolutionären, linearen, teleologischen Geschichtsverständnis, das davon ausgeht, dass einige Kategorien von Menschen »es schon geschafft haben«, das heisst auf dem Gipfel der Evolution angekommen sind: Die Industrieländer, die Weissen, die Männer, die Städter und dass die »anderen«, die »Entwicklungsländer«, die Braunen und Schwarzen, die Frauen, die Bauern usw. es mit etwas Anstrengung auch schaffen werden, dorthin zu kommen. Motor dieser Evolution soll der technologische Fortschritt sein.»[26] Fakt ist, dass obgenannte nachhaltige Entwicklung nach Mies' Meinung weder die Lage der Frauen, noch die der anderen „Benachteiligten" verbessern wird, denn:

Für die Frauen in den Industrieländern bedeutet nachholende Entwicklung, dass sie hoffen, dass das patriarchalische Mann-Frau-Verhältnis dadurch aufgehoben wird, dass Frauen den Männern »gleichgestellt« werden. Das soll einerseits durch weiteren technologischen Fortschritt geschehen,

[23]M. Mies-V. Shiva, *Die Verarmung der Umwelt: Frauen und Kinder zuletzt,* Zürich, Rotpunktverlag 1995, S. 101.
[24]Ebenda, S. 105.
[25]Ebenda, S. 105f.
[26]M. Mies, *Der Mythos der »nachholenden Entwicklung«,* in: M. Mies-V. Shiva: *Ökofeminismus. Beiträge zu Praxis und Theorie,* Rotpunktverlag, Zürich 1995, S. 81.

andererseits durch eine Gleichstellungspolitik, durch Quotierungen, Frauenförderpläne, Anti-Diskriminierungsgesetze, Forderungen wie: »Mehr Frauen in die Erwerbstätigkeit«, »Frauen in Männerberufe« usf. Diese Gleichstellungspolitik geht aber stillschweigend davon aus, dass alles bleibt wie gehabt: Dass die Natur hier und überall weiter unterworfen und ausgebeutet wird, dass fremde Völker, Frauen und Männer und Kinder, weiter ökonomisch ausgebeutet werden, und dass zur Aufrechterhaltung dieser Weltwirtschafts(un)ordnung Gewalt, Militarismus, ja – wie uns der Golf-Krieg, Jugoslawien, Somalia, Ruanda plastisch vor Augen führen – auch Kriege notwendig sind.[27]

Der Bericht *Global 2000*[28] bestätigt Shivas und Mies' Hypothese, dass die Welt durch das unbegrenzte Wachstum von Waren und Dienstleistungen schneller als bisher angenommen an die Grenzen des Wachstums bzw. an die ökologische Grenze stoßen wird. Ungeachtet der Tatsache, dass der Lebensstandard bzw. das Konsummuster der reichen Industrieländer des Nordens weltweit auf Dauer nicht tragbar sind, halten alle Analysen und Strategien am Paradigma des unbegrenzten Wachstums und der nachholenden Entwicklung fest.[29] Fakt ist – so Mies –, dass immer die Schwächsten die Leidtragenden sind:

Denn der Reichtum des Nordens basiert ja auf der Ausraubung und Kolonialisierung des Südens, auf der Ausbeutung der eigenen Natur und von Frauen. [...] Wachstum und Entwicklung der einen Seite bedeutet Niedergang und Hinunterentwicklung der anderen. [...] Die Kluft zwischen Reich und Arm wird immer grösser. [...] Der Überkonsum in den reichen Industrieländern führt aber nicht nur zu einer raschen Erschöpfung der Ressourcen, sondern auch zu rapide ansteigenden Müllbergen, zu giftigen Abfällen, zur Zerstörung der Ozonschicht, zum Treibhauseffekt. Auch diese globalen Folgen des Industrie- und Wachstumsmodells werden zu 80 Prozent von den Industriestaaten und nicht von den Armen verursacht. [...] Wenn man versuchen würde, den Lebensstandard der Industrieländer des Nordens zu verallgemeinern, dann bräuchte man, wie jemand gesagt hat, noch zwei weitere Planeten, einen, um die zusätzlichen Rohstoffe zu gewinnen, den anderen, um den Müll abzuladen. Das bedeutet, dass es diese Verallgemeinerung praktisch nicht geben wird, dass die Fortsetzung des Wachstumsmodells nicht nur zur weiteren ökologischen Zerstörung, sondern auch zu weiterer Ungleichheit und Gewalt zwischen Reich und Arm, Männern und Frauen, Erwachsenen und Kindern, Einheimischen und Fremden führen wird. Wenn wir eine solche Entwicklung nicht wollen – ihre Vorboten erleben wir bereits –, dann müssen wir diesen Profit- und Wachstumswahn des Industriesystems überwinden.[30]

---

[27]Ebenda, S. 94.
[28]Der Global Report 2000 ist unter dem Link: http://www.geraldbarney.com/G2000Page.html abrufbar.
[29]M. Mies, *Befreiung von Konsum*, in: *Ökofeminismus. Beiträge zu Praxis und Theorie*, Rotpunktverlag, Zürich 1995, S. 331.
[30]Ebenda, S. 331f.

11

Um diesem Profit- und Wachstumswahn Einhalt zu gebieten bzw. um dem drohenden Zusammenbruch von Öko- und Wirtschaftssystemen und dem damit verbundenen gesellschaftlichen Niedergang zu entkommen, hat Vandana Shiva den Begriff der Subsistenzwirtschaft ins Leben gerufen. Die Trägerin des Alternativen Nobelpreises ist davon überzeugt, dass die Subsistenzwirtschaft eine mögliche Lösung, um aus der Sackgasse der Industrie- bzw. Konsumgesellschaft zu entrinnen, darstellt. Maria Mies, die wie Vandana Shiva auf die Notwendigkeit einer neuen Perspektive, die der Subsistenz, hinweist, erläutert diese zu Beginn des Sammelbandes *Ökofeminismus. Beiträge zu Praxis und Theorie*: «Dieses Konzept wurde zunächst entwickelt, um die unsichtbare, unbezahlte oder unterbezahlte Arbeit von Hausfrauen, Subsistenzbauern und Kleinproduzenten im sogenannten Informellen Sektor zu analysieren, vor allem im Süden, als dem Unterbau und Fundament des patriarchal-kapitalistischen Modells vom unbegrenzten Wachstum von Waren und Geld. Subsistenzarbeit als lebensspendende und lebenserhaltende Arbeit war und ist in all diesen Produktionsverhältnissen eine notwendige Voraussetzung für das Überleben; und den Löwenanteil dieser Arbeit verrichten Frauen.»[31] Maria Mies hält die Selbstversorgung und die Dezentralisierung der Staatsbürokratie für die wichtigsten Wirtschaftsprinzipien der Subsistenzperspektive. Ziel soll nicht die Produktion von Waren und Geld für den anonymen Markt sein, sondern die Befriedigung von Grundbedürfnissen durch die Herstellung von Gebrauchswerten. Dies könnte eine neue Beziehung zur Natur schaffen, die sich nicht darauf beschränkt, diese weiterhin rücksichtslos und aus reiner materieller Profitgier auszubeuten. Der Mensch würde in respektvoller, kooperativer und reziproke Weise mit der Umwelt interagieren und anerkennen, dass er Teil derselben ist. Zeitgleich müssten sich aber auch die zwischenmenschlichen Beziehungen wandeln. Dies weil es einer zuverlässigen Gemeinschaft bedarf, die Geld- und Warenbeziehungen durch Prinzipien der Gerechtigkeit, Reziprozität, Solidarität und Zuverlässigkeit ersetzt und in der jeder Einzelne bereit ist, die Verantwortung des Ganzen zu tragen. Politische Verantwortung soll – nach dem Prinzip, dass das Politische persönlich ist – nicht einzig und allein von den vom Volke Gewählten bzw. den Politikern getragen werden, sondern von der gesamten

---

[31]M. Mies-V. Shiva, *Die Notwendigkeit einer neuen Vision: Die Subsistenzperspekive*, in: *Ökofeminismus. Beiträge zu Praxis und Theorie*, Rotpunktverlag, Zürich 1995, S. 389.

12

Gemeinschaft. Die Subsistenzperspektive folgt der Erkenntnis, dass soziale Gerechtigkeit nicht isoliert und technisch herbeigeführt werden kann, da soziale (Feminismus) und ökologische (Ökologie) Angelegenheiten eine gemeinsame Lösung (Ökofeminismus) erfordern. Gemeinschaftseigene Güter wie Wasser, Luft, Boden und andere Ressourcen sollen weder privatisiert noch kommerzialisiert werden, sondern durch gemeinsame Verantwortung erhalten bzw. geschützt und erneuert werden.[32] Maria Mies ist der Überzeugung, dass dies die Grundvoraussetzungen sind, um eine Subsistenzwirtschaft ins Leben zu rufen, denn:

Ökofeminismus heisst eben nicht, wie manche argumentieren, dass Frauen das ökologische Durcheinander aufräumen werden, das die Männer der patriarchal-kapitalistischen Gesellschaft verursacht haben; Frauen wollen nicht für immer und ewig die Trümmerfrauen der Gesellschaft sein. Daher heisst eine Subsistenzperspektive unbedingt, dass Männer anfangen müssen, in der Praxis Verantwortung für die Herstellung und Erhaltung des Lebens auf diesem Planeten mit zu übernehmen. Deshalb müssen Männer eine Bewegung ins Leben rufen, um ihre Identität zu definieren. Sie müssen ihr Engagement in der zerstörerischen Warenproduktion zwecks Akkumulation aufgeben und anfangen, die Arbeit für die Erhaltung des Lebens mit den Frauen zu teilen. Das heisst praktisch, sie müssen die unbezahlte Subsistenzarbeit teilen: im Haushalt, mit den Kindern, mit den Alten und Kranken, die ökologische Arbeit zur Heilung der Erde, Arbeit in neuen Formen der Subsistenzproduktion.[33]

Erst wenn auch Männer diese Perspektive für sich gewinnen werden, wird diese dazu beitragen, dass sie, einer Entmilitarisierung zustimmend, ein friedliches Zusammenleben zwischen Nationen, Generationen, Männern und Frauen anstreben werden. Daraus lässt sich im Übrigen schließen, dass Nachhaltigkeit und Gleichheit keinesfalls mit den Zielen der aktuellen gewinn- und wachstumsorientierten Gesellschaft vereinbar sind.[34] Vandana Shiva ist davon überzeugt, dass der Subsistenzbegriff, der die Anliegen von Landschaftsschutz, Ökologie und Ökonomie vereint, eine konkrete Lösung im Kampf gegen die Armut darstellt. Um die Allgemeinheit wachzurütteln, gibt sie in ihrem Beitrag *Wie kann man die Armut besiegen?* eine beängstigende Bestandsaufnahme der aktuellen Weltlage wieder:

---

[32]M. Mies, *Befreiung vom Konsum,* S. 414f.
[33]Ebenda, S. 417.
[34]Ebenda, S. 417f.

[Es stehen sich] die Armut von einer Milliarde Hungernder und einer weiteren Milliarde Fehlernährter, die an Übergewicht leiden, gegenüber. Diese Menschen sind sowohl in kultureller wie in materieller Hinsicht verarmt. Ein System, das Krankheiten und Mangel erzeugt, während es andererseits Billionen Dollars an Superprofiten für das Agrobusiness erwirtschaftet, ist ein System, das gleichzeitig menschliche Armut produziert. Armut ist das Endstadium (keineswegs die Kinderkrankheit) eines ökonomischen Paradigmas, das die Ökosysteme und die sozialen Systeme vernichtet, Systeme, die Leben, Gesundheit und Subsistenz aufrechterhalten – für den Planeten und die Menschen darauf.[35]

Shiva glaubt, dass maßgeblich zwei Wirtschaftsmythen an dieser Misere beteiligt sind: erstens der Mythos, dass nur Kapitalzuwachs Wachstum bedeutet, und zweitens der Mythos, dass diejenigen, die produzieren was sie verbrauchen, keine Produzenten im wahrsten Sinne des Wortes sind. Hinzu kommt, dass all dies auf Kosten zweier Wirtschaftssysteme erfolgt: jenes des Naturhaushaltes und jener des Überlebens des Menschen. Die Ökofeministin weist darauf hin, dass alle Gesellschaften der Erde für ihr Überleben auf eine möglichst intakte Natur angewiesen sind. Die wirtschaftliche Ausbeutung zerstört das Gemeingut Natur sowohl als Naturdenkmal als auch als Ressource.[36] Demzufolge sind alle Menschen Leidtragende, sowohl „reiche" als auch „arme", denn: *„Menschen sterben nicht daran, dass sie zuwenig verdienen, Menschen sterben, weil sie keinen Zugang zu Ressourcen haben."*[37] Subsistenzsicherheit lässt sich für Vandana Shiva und für Maria Mies nicht durch ein Bankkonto oder durch Sozialleistungen herbeiführen, sondern beruht auf dem Prinzip der Mitverantwortung und des Vertrauens in eine Gemeinschaft, die die Natur als Gemeingut und nicht als auszubeutende Ressource betrachtet.[38] Shiva glaubt, dass der wichtigste aktuelle Wandel darin besteht, sich von drei Formen des Kolonialismus zu befreien: jener der Natur (die die ökologische Krise verursacht hat), jener der Frauen (die der Grund für den Kampf der Geschlechter und der Gewalt gegen Frauen ist) und jener der nicht-westlichen Kulturen (die zum Dritte-Welt-Problem geführt hat).[39] Aller Wahrscheinlichkeit nach ist dies auch durch

---

[35]V. Shiva, *Wie kann man die Armut besiegen? Wie man erreichen kann, dass Armut Geschichte wird.* http://www.aurora-magazin.at/gesellschaft/shiva_armut_druck.htm
[36]Ebenda.
[37]Ebenda.
[38]Ebenda.
[39]*Menschen und Visionen: Shiva, Vandana. Portrait-Serie: Träger des alternativen Nobelpreises.* http://www.eco-world.de/scripts/basics/eco-world/service/main/basics.prg?session=d9323d1b4e7dcf28_745757&a_no=215&suchbegriff=shiva

die Tatsache bedingt, wie Anke Martiny in ihrem Beitrag *Das Leben und die Machbarkeit* annimmt, dass sich Frauen mehr als Männer von den ökologischen Katastrophen betroffen fühlen: «Unbestreitbar, die Frauen sehen das Problem grundsätzlicher. Sie sehen weiter als die Männer und brachten der Gesellschaft schlagartig nahe, was viele von uns seit langem spüren: Das Leben und die Machbarkeit liegen in heftiger Fehde. Die Machbarkeit ist mittlerweile zu einer Machbarkeit entwickelt worden, die das Leben bedroht, und das Leben nimmt Schaden dabei. Wer an das Leben glaubt, wehrt sich.»[40]

Angesichts dieser Tatsache unterstützt der Grundgedanke des Ökofeminismus eine subsistenzwirtschaftliche Perspektive, die sich durchaus positiv auf die Umweltschutzbestreben auswirkt. Sowohl Frauen als auch Männer werden sich sehr bald entscheiden müssen, ob sie weiterhin den Lebensstandard dem Leben vorziehen wollen. Da diese Welt nur über begrenzte Ressourcen verfügt, ist der bisherige ausbeuterische Lebensstandard, der nach wie vor angestrebt wird, mit einer heilen und gerechten Welt nicht in Einklang zu bringen. Mies hält die Aussage, dass die heutige Gesellschaft in der Lage ist, allen Menschen ein glückliches Leben und einen steigenden Lebensstandard zu bieten, für die moderne Lebenslüge schlechthin, denn:

In Wirklichkeit haben wir aber unser Leben geopfert für die Erhöhung des Lebensstandards. Wir haben geglaubt, wir könnten immer mehr Waren, immer mehr Komfort, immer mehr Reichtum und Bequemlichkeiten haben und gleichzeitig ein «glückliches Leben» in einer heilen und unverseuchten Natur, im Frieden mit anderen Völkern, im Frieden zwischen Männern und Frauen. Tschernobyl hat uns unmissverständlich gezeigt, dass beides zusammen nicht geht. Wir können den Kuchen nicht essen und gleichzeitig behalten. Denn mitten im Warenreichtum leben wir jetzt im Mangel, wie im Krieg. Der Mangel ist auch nicht nur etwas Psychisches, ein Gefühl von Leere und Verzweiflung, er ist wieder buchstäblich materieller Mangel am Lebensnotwendigen: an gesundem Essen, an unverseuchter Milch, an unverseuchten Orten, wo man sich aufhalten kann, an Plätzen, wo Kinder unbefangen spielen können, ohne Angst vor «Gift».[41]

---

[40]M. Mies-M. Gambaroff-A. Sopczyk-C. Werlhof, *Tschernobyl hat unser Leben verändert. Vom Atomausstieg der Frauen*, Reinbek bei Hamburg, Rowohlt 1986, S. 86.
[41]Ebenda, S. 156.

15

4 Schlussbemerkungen und „Umdenkanstoss"

An dieser Stelle drängt sich die Frage auf, ob dieser von der modernen Gesellschaft hoch gepriesene und scheinbar unverzichtbare Luxus, der sich Lebensstandard nennt, wichtiger ist als das Leben selbst und ob der Konsumrausch es wert ist, ihm unsere Freiheit zu opfern. Viele haben – wie Maria Mies in Erfahrung gebracht hat – die Notwendigkeit einer Lebensstiländerung erkannt. Für all diejenigen, die sich dafür entschlossen haben, hat die Ökofeministin einen innovativen Inbegriff des „guten Lebens" parat:

> Eine neue Definition des Begriffs von »gutem Leben« wird nicht einfach Verzicht predigen, sondern die Werte hervorheben, die in unserer Konsum- und Leistungsgesellschaft auf der Strecke bleiben, z. B. Kooperation anstatt Konkurrenz, Respekt vor allen Wesen und ihrer Verschiedenheit anstatt ihrer Verwertung und Standardisierung, Selbstversorgung (self-sufficiency) anstatt Abhängigkeit von externen Märkten, Absage an Ausbeutung und Kolonisierung als Grundlage für eigene Vorteil, Gemeinschaftlichkeit statt Verfolgung privater und egoistischer Einzelinteressen, Kreativität, Souveränität und Würde statt dauerndes »Schielen nach oben«, Befriedigung in der eigenen Arbeit statt imitativem und kompensatorischem Konsum und statt eines stets steigenden quantitativen Lebensstandards, Lebensfreude und Glück, die aus der Zusammenarbeit mit anderen und einer sinnvollen Tätigkeit entspringen. All diese Werte können zu einem grossen Teil ohne oder zumindest mit weniger Warenkonsum realisiert werden. Sie bedeuten keinen Verzicht, sondern im Prinzip die Einforderung eines anspruchsvolleren, glücklicheren, gesünderen, heiteren Lebens. Konsumbefreiung bedeutet eine Verbesserung der Lebensqualität, nicht blosse Askese.[42]

Eine Konsumbefreiung würde ein für allemal beweisen, dass Menschen und ihre Bedürfnisse nicht unersättlich sind. Zudem würde eine Konsumbefreiungsbewegung der reichen Länder und Klassen dazu beitragen, die ökologische Vernichtung zu bremsen, die Menschen glücklicher zu machen und somit das Modell des imitativen Konsums (der politischen und ökonomischen Eliten der „ärmeren Länder") zu vernichten. Dies würde langfristig zu ökonomisch-sozialen strukturellen Veränderungen zum Wohle des Menschen und der Natur führen.[43] Eine derartige Veränderung ist nach Maria Mies nur dank einer ökofeministischen Perspektive möglich. Den Lösungsansatz, den sie in Aussicht stellt, ist folgender: «Das Leben in der Natur (einschliesslich der Menschen) [wird] durch Zusammenarbeit und gegenseitige Liebe und Pflege

---

[42]M. Mies-V. Shiva, *Befreiung von Konsum*, S. 335.
[43]Ebenda, S. 336f.

bewahrt. Nur so können wir dazu befähigt werden, die Vielfalt aller Lebensformen zu respektieren und zu bewahren, einschliesslich ihrer kulturellen Ausdrucksformen als der wahren Quellen unseres Wohlbefindens und Glücks.»[44]

[44]M. Mies-V. Shiva, *Warum wir dieses Buch zusammen geschrieben haben*, S. 13.

17

Quellenverzeichnis

J. Biehl, *Der soziale Ökofeminismus,* Trotzdem, Grafenau 1991.

B. Croce, *Carteggio Croce-Vossler: 1899 – 1949,* Laterza, Bari 1951.

Disegno di legge n. 204 di Benedetto Croce.
http://rivista.ssef.it/site.php?page=20040913091214766&edition=2010-02-01

E. Haeckel, *Generelle Morphologie der Organismen. Allgemeine Grundzüge der organischen Formen-Wissenschaft, mechanisch begründet durch die von Charles Darwin reformierte Descendenz- Theorie,* Gruyter, Berlin 1988.

Gabler Wirtschaftslexikon: http://wirtschaftslexikon.gabler.de/Definition/oekologie.html

U. Gerhard, *Frauenbewegung und Feminismus. Eine Geschichte seit 1789,* Beck, München 2009.

M. Mies-M. Gambaroff-A. Sopczyk-C. Werlhof, *Tschernobyl hat unser Leben verändert. Vom Atomausstieg der Frauen,* Reinbek bei Hamburg, Rowohlt 1986.

M. Mies-V. Shiva, *Ökofeminismus. Beiträge zu Praxis und Theorie,* Rotpunktverlag, Zürich 1995.

S. Settis, *Benedetto Croce ministro e la prima legge sulla tutela del paesaggio.*
http://www.unive.it/media/allegato/infoscari-pdf/Croce-Ca_Foscari1.pdf

V. Shiva, *Wie kann man die Armut besiegen? Wie man erreichen kann, dass Armut Geschichte wird.* http://www.aurora-magazin.at/gesellschaft/shiva_armut_druck.htm

Menschen und Visionen: Shiva Vandana. Portrait-Serie: Träger des alternativen Nobelpreises. http://www.eco-world.de/scripts/basics/eco-world/service/main/basics.prg?session=d9323d1b4e7dcf28_745757&a_no=215&suchbegriff=shiva